Bibliografische Information Der Deutschen Bibliothek:
Die Deutsche Nationalbibliothek verzeichnet diese Publikation in der Deutschen Nationalbibliografie detaillierte bibliografische Daten sind im Internet über dnb.ddb.de abrufbar.

Alle Informationen in diesem Heft sind vom Autor sorgfältig geprüft worden. Dennoch erfolgen alle Angaben ohne Gewähr. Eine Haftung des Autors für Personen-, Sach- und Vermögensschäden ist ausgeschlossen.

Die auf den einzelnen Seiten wiedergegebenen Zitate (graue Schrift) stammen von Kunden, die mir mit freundlicher Genehmigung den Abdruck erlaubt haben. Alle Zitate finden Sie in ausführlicher Länge auch auf meiner Webseite.

AF222678

© 2010 Elisabeth Weniger
Internet: www.good4dog.de
2. Auflage - überarbeitet -

Herstellung und Verlag:
Books on Demand GmbH, Norderstedt
ISBN 978-3-8423-3437-3

Umschlaggestaltung: Heike Bode Grafikdesign, Gifhorn

Lebensmittelbilder: www.clipdealer.com
Hundebild: www.fotolia.de / © AVAVA #9945604

Gesundes Futter, glücklicher Hund

Ein Leitfaden zur gesunden und abwechslungsreichen Hundeernährung

Natürlich füttern leicht gemacht -
zur Anwendung im Alltag

INHALTSVERZEICHNIS

Auf ein Wort

Mein Leitsatz: so natürlich, gesund und abwechslungsreich wie möglich für den Hund aber auch einfach in der Zubereitung für den Menschen!

Bücher über gesunde Hundeernährung gibt es viele. In all diesen Büchern wird die **BARF** Philosophie sehr ausführlich erklärt, auch wissenschaftlich.

Für die Anwendung im Alltag ist das den meisten Hundehaltern aber viel zu kompliziert. Die Zubereitung einer Hundemahlzeit sollte genauso alltäglich sein wie die Zubereitung unserer eigenen Mahlzeit.

Ich verwende lieber den Begriff der natürlichen Hundeernährung. Da steckt alles von **BARF** drin, aber auch noch ein bisschen mehr.

Nicht alle Hundebesitzer wollen oder können Rohfleisch füttern. Für viele ist die Rohfütterung im Urlaub nicht machbar. Andere möchten nicht selbst kochen etc. So vielfältig die Gründe auch sind, es gibt immer eine Lösung den Hund so natürlich wie möglich zu ernähren.

Jetzt heißt es, Hund und Mensch gerecht zu werden.

Oft scheitert der Versuch der Futterumstellung daran, dass viele glauben, es sei zu kompliziert. Ist es aber nicht!

Ernähren Sie Ihren Hund ausgewogen, mit Fleisch, Fisch, Gemüse, Obst, Kräutern, evtl. Getreide und Zusätzen (z. B. Öl) und Ihr Hund wird es Ihnen danken.

In diesem Buch finden Sie einfache aber grundlegende Informationen in Sachen Futterumstellung auf eine gesunde und weitestgehend artgerechte Ernährung Ihres Hundes.

Ein bisschen Theorie und Hintergrundinformationen gehören leider auch dazu und ich werde Ihnen erklären, warum die natürliche Ernährung ein guter Weg ist.

Ihre
Elisabeth Weniger

Die Ernährung des Hundes

• *damals*

Der Hund als naher Verwandter des Wolfes ernährte sich früher, ähnlich wie der Wolf, von Beutetieren. Also von Fleisch, Knochen, Organen wie Leber, Herz und Magen samt Mageninhalt, sowie Haut und Fell.

Über all diese Zutaten konnte der Hund seinen Bedarf an Vitaminen, Aminosäuren, Mineralien und Spurenelementen decken.

Durch den von den Beutetieren bereits angedauten Mageninhalt konnte er auch Enzyme, die für die Verdauung wichtig sind, aufnehmen. Dazu gehörten eben auch die Inhaltsstoffe der pflanzlichen Nahrung der Beutetiere.

Der Mensch hat dem Hund zu Fressen gegeben was gerade da war. An manchen Tagen gab es gar nichts, an anderen Tagen Futter im Überfluss.

Die Hunde waren gesünder und Krankheiten wie Krebs, Allergien, etc. kamen viel seltener vor.

Die Ernährung heute sieht leider ganz anders aus!

- *heute*

Heute bekommen die meisten Hunde entweder Trockenfutter oder herkömmliches Nassfutter.

Die kleinen braunen Brocken schmecken vielen Hunden gut. Wahrscheinlich weil dort Süßstoffe, Glutamat oder andere Zusätze enthalten sind. Stoffe von denen wir gar nicht wissen, dass sie enthalten sind oder was sie im Einzelnen bedeuten und bewirken, denn es besteht keine Pflicht zur Volldeklaration.

Auch das herkömmliche Nassfutter schmeckt gut, sind doch den meisten dieser Dosen auch Dinge zugesetzt, die besser nicht darin enthalten sein sollten wie z. B. Tiermehle, tierische Nebenerzeugnisse, pflanzliche Nebenerzeugnisse, Zuckerstoffe, etc.

Oft verstehen wir die Beschreibung auf den Futter-verpackungen nicht. Oder kennen Sie sich aus mit den Begriffen Rohfett, Rohfaser, Rohasche, Rohprotein?

Warum müssen einem Futter künstliche Vitamine und Mineralstoffe zugesetzt werden, obwohl doch alles in den Zutaten enthalten sein sollte?

Frauchen von Bilbo, Playa, Maya, Urano
… ich war beim ersten Mal sehr skeptisch, als ich vom BARFEN gehört habe. Wie soll das gehen – meine 4 Galgo espanols ausreichend mit Nährstoffen zu versorgen?

Ernährung und Verhalten

In den USA wurde ein Versuch mit Mäusen durchgeführt, bei der die eine Gruppe gezuckerte Frühstücksflocken, Bonbons, Kekse und Diätlimonade zu fressen bekam, die andere Gruppe wurde mit Vollwertkost ernährt.

Bereits nach einem Tag zeigten sich bei der „Junkfood"-Gruppe Verhaltensänderungen. Sie putzten sich ständig, konnten gelernte Tricks nicht mehr so gut ausführen, der Tag-Nacht-Rhythmus kam durcheinander, sie rannten viel, zerstörten Ihre Häuser und wurden Einzelgänger.

Nach zwei Monaten fraßen die Männchen sogar ihr eigenes Weibchen. Die Vollwert-Gruppe zeigte keinerlei Auffälligkeiten.

Nachdem die Junkfood-Gruppe auch auf Vollwertkost umgestellt wurde dauerte es fast einen Monat bis sich das Verhalten der Mäuse wieder normalisierte.

Manche Mangelerscheinungen machen sich, laut Dr. med. Vet. Vera Biber, erst ein oder zwei Generationen später bemerkbar. Das sind dann oft Tiere, die unerziehbar, unersättlich, unberechenbar, fordernd, impulsiv, flippig, wie durchgeknallt erscheinen. Viele empfinden Körperkontakt als unangenehm und vielen fehlen die nötigen Entspannungsphasen.

Ein typisches Symptom ist, dass die Hunde nicht so gut aus Erfahrungen lernen, weil die Sinnesverarbeitung durch Störungen des Gehirnstoffwechsels - vielleicht durch fehlende Aminosäuren (?!) - erschwert ist[1].

---

[1] Quelle: Hundeschule Mobile Hunde – Lünen, Tanja Valnoha-Ullmann

Unsere Hunde leiden in der heutigen Zeit leider an vielen Zivilisationskrankheiten wie Diabetes, Zahnerkrankungen, Krebs, Gelenkerkrankungen etc.

Viele Substanzen können verschiedene Erkrankungen verursachen, z. B. Allergien. Unsere Hunde können auch auf Nahrungsmittel und deren Zusätze allergisch reagieren.

Die Nahrungsmittelallergie ist eine Überempfindlichkeit auf bestimmte Inhaltsstoffe der Ernährung.

Ist das Abwehrsystem des Hundes intakt, können diese Stoffe keinen Schaden anrichten. Anders sieht es mit einem geschwächten Immunsystem aus.

Reagiert der Hund empfindlich auf diese Inhaltstoffe, können erste Anzeichen schnelles Ermüden, wenig Appetit, Gewichtsverlust, Hautausschlag, Juckreiz, mattes Fell, Durchfall oder Erbrechen sein.

Oft ist die Konzentrationsfähigkeit vermindert, der Hund lernt langsamer.

Solche Futtermittelallergien wirken sich auch auf das Verhalten des Hundes aus.

Frauchen von Kara

Meine achtjährige Labrador-Hündin bekam im Alter von sieben Jahren leichte Epilepsieanfälle, die nach Rücksprache mit meiner Tierärztin durch den hohen Getreideanteil im herkömmlichen Futter gefördert werden könnten.

Diese Probleme äußern sich zum Beispiel durch:
Zerstörungswut, Kläffen/Bellen, Ungehorsam, unangemessen aggressive Reaktionen, Konzentrations-probleme, Hyperaktivität, zwanghaftes Verhalten, oder Antriebslosigkeit. Der Hund ist plötzlich nicht mehr stubenrein.

Gute Hundeschulen und Therapeuten fragen heute bei Verhaltensauffälligkeiten nach der Ernährung des Hundes, da diese durch Allergien oder Unverträglichkeiten hervorgerufen werden können.

Viele unerwünschte Verhaltensweisen sind besser zu beeinflussen, wenn der Hund auf eine natürliche Ernährung umgestellt wird.

Allein die Nahrungsumstellung reicht dabei natürlich nicht aus und sollte durch eine liebevolle und konsequente Erziehung ergänzt werden.

In 70-80% aller Fälle die beim Tierarzt landen, stellt die Ernährung eine direkte oder indirekte Ursache dar.

Frauchen von Oskar

…ich hatte Oskar aus dem Tierheim abgeholt und das gepriesene Futter von xyz gekauft. Leider bekam er aber sehr starken Durchfall und ich habe in einer Woche 3x den Tierarzt aufgesucht, nicht gerade billig. Ich habe noch andere bekannte Tierfuttersorten ausprobiert, immer mit Durchfall.

Nur wenige Tierärzte ahnen, dass z.B. Ohrenentzündungen, Pilzerkrankungen, vereiterte Geschlechtsorgane etc. zu den langzeitlichen und Sekundärsymptomen einer Allergie gehören können.

Denn über den Zusammenhang zwischen Ernährung und dadurch möglicherweise resultierenden Krankheiten werden die angehenden Tierärzte an den Universitäten kaum bis gar nicht informiert. Diese wiederum werden mit hohen Geldbeträgen seitens der Futtermittelhersteller „gesponsert".

Und so ist es nicht verwunderlich, dass die Veterinärmediziner oft ruhigen Gewissens teure Diätfutter verordnen.

In den wenigen Jahrzehnten, in denen unsere Hunde mit Fertigfutter ernährt werden, waren (und sind) sie einem ständigen Mangel an Vitalstoffen und tierischen Eiweiß ausgesetzt (die durch chemisch hergestellte Vitamine ersetzt werden).

Dadurch nimmt der Hund über seine Nahrung auch Fremdstoffe und viel zu viel Kohlenhydrate auf.

Getreide sollte in der Nahrung eines Fleischfressers wenn, dann nur etwa 10-20% ausmachen. Bei über 40% ist sein Verdauungstrakt schon mehr als überfordert. Bei über 60% Getreide im Futter kann der Organismus des Hundes die Futterstoffe nicht mehr physiologisch verwerten und stößt täglich an die Grenzen seiner Belastbarkeit. Arthrose, Leber- und Nierenschäden können die Folge sein.

Fertigfutter besteht oft bis zu 80 % aus Getreide![2]

---

[2] Quelle: Auszug Balance Ausgabe 01/2008

Trockenfutter

Klein, rund und praktisch sehen sie aus, die Trockenfutterbröckchen. Und es geht so schnell - Sack auf, Futter raus, Sack zu - fertig!

Die Herstellung von Trockenfutter erfolgt meist durch Kochen aller Inhaltsstoffe bei ca. 250°C und Trocknung unter Hochdruck.

Dazu kommt, dass viele Trockenfuttersorten mit Konservierungsmitteln, suchterzeugenden Lockstoffen oder synthetischen Antioxidationsmitteln angereichert sind.

Wen wundert es, dass viele unserer Hunde von Allergien geplagt werden und an Krebs erkranken?

Glauben Sie, dass in einem hocherhitzen Futter noch Nährstoffe stecken?

Die wichtigen Verdauungsenzyme, die der Hund braucht, sind in diesem Futter nicht mehr vorhanden. Ebenso finden Sie keine natürlichen Vitamine, da diese schon bei relativ niedrigen Temperaturen unwirksam werden.

Oftmals finden Sie auf der Verpackung auch eine unklare Definition der Inhaltsstoffe. Tatsache ist, dass manch ein Hundehalter diese Angaben oft nicht versteht!

Der Hauptgeschmacksträger bei den meisten Trockenfuttersorten ist Fett. Es wird von außen aufgesprüht und wird dadurch sehr schnell ranzig. Deshalb werden (oft künstliche) Antioxidantien eingesetzt, um dieses Futter haltbar zu machen.

In den meisten Futtersorten beträgt der Fleischanteil nicht mehr als 4%. Natürlich ist bei den guten Sorten viel mehr Fleisch enthalten z. B. Hauptbestandteil 24 % Huhn.

Das bedeutet dann aber alles vom Huhn = Füße, Knochen, Federn, Köpfe, Schnäbel, Muskelfleisch, Innereien.

Jetzt sagen Sie sicher: prima, ein komplettes Huhn - aber ist es gut, wenn dieses Huhn pulverisiert, getrocknet und dann noch mal auf 250°C erhitzt wurde?

Auch wenn das im Trockenfutter verarbeitete Tiermehl aus Huhn besteht, so sind es doch lediglich die Reste die übrig bleiben, wenn der essbare Anteil für den Menschen abgezogen wird. Somit ist der Anteil an reinem Hühnerfleisch gering, der Anteil der „Nebenerzeugnisse" aber höher.

Wie sieht es mit der Verdaulichkeit von Trockenfutter aus? Diese beträgt nur ca. 30% - im Gegensatz zur natürlichen Ernährung, dort liegt die Verdaulichkeit bei ca. 90%. Was bedeutet das nun?

Je höher die Verdaulichkeit eines Futters, desto hochwertiger ist es und umso mehr kann der Hund verwerten - und das sieht man auch an den "Häufchen".

Sehen Sie sich die Inhaltsstoffe auf der Packung sehr genau an. Diese sollten voll deklariert sein! Also keine allgemeine Deklaration wie „Fleisch und tierische Nebenerzeugnisse" sondern eine detaillierte Deklaration wie z. B. „Huhn und Reis".

Auch die Zusammensetzung ist wichtig! Bei der Einzeldeklaration müssen die Zutaten in absteigender Reihenfolge genannt werden. Das bedeutet:

Die Zutat von der am meisten erhalten ist, steht an erster Stelle. Die Zutat die am geringsten vertreten ist, steht an letzter Stelle.

Leider kann auch hier von Seiten der Hersteller "gemogelt" werden.

Da steht das Fleisch als Hauptzutat an erster Stelle obwohl dort eigentlich Getreide stehen müsste. Das Fleisch wird im rohen Zustand gewogen und der Getreideanteil wird als Mehl gewogen.

Familie von Mia und Monti

…erst einmal habe wir gedacht, dass Trockenfutter und Dosennahrung ja nicht so schlecht sein kann. Alle Hunde bekommen das und werden ja auch steinalt. Zu unserer Ehrenrettung muss ich sagen, dass wir auch bei dem Futter auf Qualität geachtet haben und kein 0/8/15 Futter gekauft haben...

Wird das Fleisch nun getrocknet, hat es in der Trockenmasse eigentlich ein geringeres Gewicht und sollte an zweiter Stelle stehen.

So aber ist die Deklaration von Fleisch als Hauptzutat sozusagen vollkommen legal.

Nassfutter

Das in einer herkömmlichen Dose Hundefutter mit Rind mindestens 4% **Irgendwas** vom Rind enthalten sein muss, das ist mittlerweile hinlänglich bekannt.

Was die restlichen 96% ausmachen, darüber kann sich jeder selbst seine Gedanken machen, so findet man z. B. Fleischmehle, diverse Nebenprodukte, Getreide.

Auch Nass- oder Dosenfutter ist bequem und einfach.

Generell ist gegen diese Art der Fütterung nichts einzuwenden sofern man darauf achtet, dass der Inhalt hochwertig ist.

Sam und Laila

Frauchen kam plötzlich auf die Idee uns so neues Futter zu geben. Ich, Sam, hatte oft keinen Appetit auf Trocken- oder Nassfutter. Außerdem bekam ich oft Pupsmännchen davon. Die waren wohl ziemlich heftig, weil die ganze Familie dann immer sagte: "iiiiihh Sammy"! Manchmal hab ich 3-4 Mahlzeiten ausfallen lassen. Die waren aber auch öde. Frauchen hat zwar wohl gutes und teures Trockenfutter gekauft, aber als alter Straßenhund von Teneriffa war ich etwas mehr Abwechslung gewohnt. Laila allerdings frisst alles. Futter, Holztreppen, Körbchen, Spielzeug......

Es gibt zwei Hauptarten von Dosennahrung – erstens das **Alleinfutter**, zweitens das **Ergänzungsfutter**.

Alleinfutter

Beim Alleinfutter müssen Sie keine weiteren Zutaten hinzufügen, da in dieser Futterart bereits alles enthalten ist.

Achten Sie darauf, dass der Fleischanteil mindestens 40-50% ausmacht. Sonst sollte nur Gemüse und evtl. etwas Kohlenhydrate enthalten sein. Keine weiteren Zusätze wie z. B. Konservierungsstoffe, Fleischmehle, Nebenerzeugnisse, künstliche Vitamine etc.!

Ergänzungsfutter

Der Fleischanteil in der Dose beträgt optimaler Weise 100% und es sind keine weiteren Zusätzen oder künstlichen Vitamine, Mineralstoffe und Spuren-elemente enthalten.

Dieses Fleisch mischen Sie dann mit Gemüse, Obst und evtl. Kohlenhydraten und fertig ist eine sehr leckere und nahrhafte Hundemahlzeit.

Autorin/Frauchen von Abby und Camillo

Als ich den Begriff BARF das erste Mal hörte, dachte ich: die spinnen doch! Dann wurde mein damaliger Hund schwer krank und erst da fing ich an, nachzudenken…

BARF

= **B**iologisch **A**rtgerechte **R**ohe **F**ütterung

Ausgangspunkt der BARF Konzeption ist die Fütterung von ganzen Beutetieren in unbehandeltem Zustand[3].

Da diese Art der Fütterung für uns nicht umsetzbar ist, müssen wir uns andere Wege suchen, um unsere Hunde gesund, abwechslungsreich und trotzdem möglichst artgerecht zu ernähren.

Der Begriff **BARF** wird in den unterschiedlichsten Definitionen verwendet. Diese sind weitläufig und nicht festlegbar. Eine trifft es davon aber am ehesten:

***BARF** ist ein Begriff der Futter beschreibt, das aus frischen Zutaten vom Hundebesitzer selber zusammengestellt und (roh)verfüttert wird[4].*

Zur BARF-Philosophie gehört auch die Fütterung roher Knochen. Diese sind auf Grund ihres Calciumgehaltes sehr gesund.

Außerdem finden sich in rohen Knochen wertvolle Mineralstoffe, Enzyme und natürliche Antioxidantien.

Knochen sind gut für das Gebiss, da man ihnen eine reinigende Wirkung nachsagt.

---

[3] *Quelle: BARF von Swanie Simon*
[4] *Quelle: BARF von Swanie Simon*

Ebenso vermindert das Nagen und Zerlegen der Knochen die Bildung von Zahnstein.

Außerdem ist das Benagen von Knochen eine natürliche Verhaltensweise des Hundes, die heute oft durch unnatürliche Denta-Sticks, Kauknochen etc. befriedigt wird.

Natürliches Futter

Warum sollte Hundenahrung, die aus frischem Fleisch, Gemüse, Obst und Kohlehydraten täglich frisch zubereitet wird, schlechter sein als kommerzielles Trockenfutter?

Müssen Hunde jeden Tag die gleiche Menge an Vitaminen, Mineralien etc. zugeführt bekommen, wie es uns die Futterindustrie vorgaukelt? Oder ist eine abwechslungsreiche Fütterung nicht sinnvoller und besser? Ich sage ganz klar – ja, sie ist besser!

Es reicht aus einen gesunden Hund innerhalb eines Zeitraumes von vier Wochen ausgewogen und abwechslungsreich zu ernähren, um Mangel-erscheinungen vorzubeugen.

Sam und Laila

Naja, als Frauchen meinte uns etwas Gutes tun zu müssen, schleppte sie also zuerst Gemüse- und Getreideflocken an und jede Menge rohes Fleisch. Wow, roch das gut. Das Fleisch meine ich. Auf den Rest hätte ich verzichten können...

Warum lassen wir uns beeinflussen und uns einreden, wir könnten unsere Hunde nicht ausgewogen ernähren?

Ernähren Sie sich ausschließlich von Fertiggerichten wie Tütensuppe oder Doseneintopf?

Sollten Sie das tun, wenn die Hersteller schreiben, dass da ist alles drin ist was ein Mensch zum Leben braucht?

Da Sie der „Menschenfutterindustrie" nicht alles glauben, sollten Sie auch nicht gutgläubig auf die Versprechungen der Tierfutterindustrie hören!

Sicher ist es ein wenig mehr Zeitaufwand die Zutaten zur gesunden Hundeernährung zu kochen oder zu pürieren, aufzutauen oder einzuweichen und anzurichten.

Aber wir haben unsere Hunde doch, um Zeit mit Ihnen zu verbringen, sollen wir da an der Zeit für die Zubereitung einer gesunden Mahlzeit sparen?

Wir wollen, dass unsere Hunde zufrieden, satt und gesund sind - das können wir mit der richtigen Ernährung erreichen.

Natürlich müssen wir die Ernährung unserer Hunde der jeweiligen Situation anpassen, aber wir können mit all den Nahrungsmitteln, die uns zur Verfügung stehen, einen Hund gesund, ausgewogen und artgerecht ernähren.

- *Vor- und Nachteile*

Die natürliche Ernährung bewirkt eine ganze Reihe positiver Effekte.

Sie stärkt und unterstützt das Immunsystem nachhaltig, so dass viel weniger Krankheiten auftreten.

Dadurch wird der gesamte Organismus gestärkt, der Hund wird widerstandsfähiger, Muskeln, Bänder und Sehnen werden gekräftigt.

Parasitenbefall wird erheblich eingeschränkt.

Die gesteigerte Vitalität des Hundes ist ebenfalls ein positiver Nebeneffekt.

Der Hund hat weniger Probleme mit Zahnstein. Dadurch wird die Entstehung von sehr üblem Mundgeruch verhindert bzw. gemildert (nicht immer hat Mundgeruch was mit Zahnstein zu tun!).

Die Kotmengen verringern sich, werden kleiner und vor allem die Anzahl der Absetzung kann weniger werden. Das liegt daran, dass diese Art des Futters fast zu 90% verwertet wird.

Der Knochenapparat erfährt z. B. bei Arthrose/Arthritis eine Erleichterung bzw. Besserung. Lahmheit kann somit vorgebeugt werden.

Welpen haben bei dieser Ernährung ein gesünderes und schonenderes Wachstum, was wiederum günstig für den Knochenaufbau ist.

Das Fell kann dichter und glänzender werden. Manchen Hunden wächst Fell, das vorher nicht da war, wieder nach.

Das Risiko der Magendrehung wird drastisch reduziert. Aus diesem Grund ist auch die Fütterung von wenigstens 2 Mahlzeiten – besser 3 Mahlzeiten angeraten.

Übergewicht kann verhindert werden, Gewichtskontrolle und Anpassung der Futtermenge/Futteraufteilung sind regelmäßig nötig.

Der Hund wird ausgeglichener und zufriedener.

Natürlich gibt es Anfangsschwierigkeiten, die sich nach einiger Zeit jedoch von selbst lösen.

Der Zeitaufwand ist am Anfang natürlich nicht zu unterschätzen.

Viele meiner Kunden berichten, dass sie nicht mehr als 10 Minuten pro Tag aufwenden, um Ihren Hund gesund zu ernähren.

Familie von Lana

Seit der Umstellung auf die andere Ernährungsart geht es unserer Hündin immer besser. Auch das Idealgewicht haben wir dadurch erreicht. Wenn der Hund zufrieden ist, ist es auch der Hundebesitzer.

Man sollte sich überlegen, ob man mehr oder weniger Zeit für die Zubereitung der Hundemahlzeit hat.

Daraus ergibt sich dann automatisch, ob man frische und/oder getrocknete Zutaten verwendet.

Mit dem richtigen Zeitmanagement ist die Zubereitung der Hundenahrung kein Problem und dauert nicht wesentlich länger als das Öffnen einer Dose oder eines Trockenfuttersacks.

Die Grundlagen für die natürliche Ernährung finden wir nicht nur in der Natur sondern auch in der menschlichen Ernährungslehre.

Alles was uns gut tut, kann für unsere Hunde nicht schlecht sein – nur entsprechend ungewürzt.

Wir können unseren Hunden keine ganzen Beutetiere füttern, aber wir können es - so gut es geht - nachahmen.

Familie von Lilly

Die Umstellung der Ernährung war für uns völlig problemlos. Unsere Hündin hat keinerlei Schwierigkeiten mit der Verdauung und macht jetzt mit Begeisterung ihren Napf leer.

Grundsätzliches

JEDER Hund ist ein Individuum! Was für den Hund Ihres Nachbarn gut ist, muss für Ihren Hund nicht zwingend auch gut sein. Daher ist es wichtig, die Ernährung auf die Bedürfnisse und Anforderungen IHRES Hundes abzustimmen.

Alles darf gefüttert werden, wenn wir darauf achten, dass es artgerecht, gesund und abwechslungsreich ist!

Die Vielfalt ist das Geheimnis und Ihr Hund wird Ihnen zeigen, was er gerne mag und was Sie besser nicht mehr in den Napf tun.

So können Sie seinen ganz persönlichen Speiseplan erstellen und diesen nach und nach mit weiteren Zutaten bereichern.

Durch das Füttern von Fleisch/Fisch, Knochen, Obst u. Gemüse, etwas Getreide, div. Öle und Kräuter kann eine gesunde und abwechslungsreiche Ernährung zusammengestellt werden, die reich an Vitaminen, Mineralstoffen und Enzymen ist.

Natürliche Vitamine, Mineralstoffe und Spurenelemente leisten somit einen hohen Beitrag zur Erhaltung der Hundegesundheit.

Durch den natürlichen Wassergehalt ist der Hund gut mit Flüssigkeit versorgt und hat weniger Durst.

Nicht jede Mahlzeit muss im Nährstoffgehalt den Werten entsprechen, die in der Fachliteratur für den täglichen Bedarf des Hundes festgelegt wurden. Diese Werte sind lediglich Richtwerte.

So muss man sehr genau beobachten, was der einzelne Hund in seiner Ernährung benötigt.

Ein Beispiel
Zwei gleich schwere und große Hunde - der eine ist träge und ruhig, der andere aufgedreht und aktiv – benötigen wahrscheinlich eine unterschiedliche Ernährung.

So ist es durchaus möglich, dass der Ruhigere mehr Futter braucht, weil er einen höheren Energiebedarf hat und der Aktivere weniger, weil er einen niedrigeren Energiebedarf hat. Würde der aktivere Hund nun die gleiche Futtermenge erhalten, würde er zunehmen.

Das ist sicher die Ausnahme, kommt aber vor.

Kranke Hunde
Ganz besonders für kranke Hunde ist diese Art der Ernährung sinnvoll. Je nach Art der Erkrankung müssen einige Dinge beachtet werden und es sollte stets eine Absprache mit dem Tierarzt und dem Ernährungs-berater erfolgen.

Senioren

Im Prinzip müssen alte Hunde, sofern sie gesund sind, kein spezielles Futter erhalten. Ausgehend von einer Reduzierung der Aktivität wird auch der Energiebedarf des Hundes abnehmen. Weniger Energie bedeutet weniger Futtermenge.

Welpen

Auch Welpen können bereits natürlich ernährt werden.

Hier ist lediglich zu berücksichtigen, dass die Futtermenge und die Zusammenstellung – also der tierische und pflanzliche Anteil - permanent an das Gewicht und das Alter des jungen Hundes angepasst wird.

- *Kosten der natürlichen Ernährung*

Die erste Frage ist meistens die Kostenfrage.

Eine natürliche Ernährung muss doch wesentlich teurer sein als die Ernährung mit Trocken- oder Dosenfutter!

Ich möchte nicht verschweigen, dass die natürliche Ernährung des Hundes – gerade im ersten Lebensjahr - doch teurer ist, als wenn Sie einen bereits erwachsenen Hund haben. Es ist aber eine Investition in die Gesundheit Ihres Hundes.

Wenn man berücksichtigt, dass ein Welpe/Junghund pro KG Körpergewicht ca. 5-6% als Tagesmenge benötigt, ein erwachsenen Hund dagegen nur ca. 1,5-3%, dann wird schnell klar, warum das so ist.

Das liegt in erster Linie daran, dass die Futtermenge ständig an das steigende Körpergewicht des jungen Hundes angepasst werden muss.

Bei einem erwachsenen Hund ist die natürliche Ernährung nur minimal teurer als die bisherige.

Bei einem erwachsenen, gesunden Hund mit einem Körpergewicht von 15kg, der mit rohem Fleisch (60%) und überwiegend Flocken (40%) ernährt wird, betragen die Futterkosten ca. 27,00€ im Monat.

Die Kosten für Trockenfutter betragen nach Angaben der Hersteller ca. 1,00€ pro Tag für einen 20kg Hund. Das macht bei dem 15kg Hund dann ca. 22,50€ im Monat.

Der gleiche Hund, der statt mit rohem Fleisch mit Dosenfleisch und Flocken ernährt wird, kostet im Monat ca. 10,00€-15,00€ mehr.

Füttern Sie jetzt statt der Flocken lieber frisches Gemüse, Obst und Kohlenhydrate, sind die Kosten schwerer abzuschätzen, da das saisonale Angebot genutzt werden kann und die Preise sehr unterschiedlich sind.

Gut zu wissen, dass durch die Umstellung auf eine natürliche Ernährung der Hund wesentlich weniger anfällig für Krankheiten ist und hier unter Umständen die Tierarztbesuche und dadurch die Kosten verringert werden können.

Natürlich gibt es auch Hunde, bei denen die Umstellung nicht so reibungslos klappt und einige Versuche notwendig sind, um die richtige Zusammenstellung, Zutat und Menge herauszufinden.

Jeder Mensch ist schließlich in der Lage, sich selbst gesund zu ernähren. Somit können Sie das auch bei Ihrem Hund!

Zu Beginn wird es Ihnen schwierig und aufwendig vorkommen. Doch Sie werden sehen, das ist es nicht! Mit der Zeit werden Sie sicherer und bekommen ein Gespür dafür, was Ihrem Hund gut tut.

Erfahrungsgemäß dauert es zwischen 2 und 4 Wochen, bis man alles verinnerlicht hat und sich sicher fühlt.

Wichtig ist in der ersten Zeit, dass Sie Ihren Hund sehr genau beobachten. Veränderungen nehmen Sie recht schnell wahr.

Das können unter anderem sein
Gewichtsveränderungen (Zu- oder Abnahme), das Fell wird weicher, voller, der Hund wird aufmerksamer, agiler etc.

Familie von Lilly

… außerdem hat sich der Zustand des Gebisses verbessert, sie hat keine braunen Ränder mehr an den Zähnen. Auch das Fell ist jetzt viel schöner. Für uns hat sich die Umstellung in jeder Beziehung gelohnt.

Gewichtsveränderungen sind leicht zu regulieren. So passen Sie die Futtermenge entsprechend um 0,5% mehr oder weniger von der bisher berechneten Menge an.

Es gibt drei Dinge, die vor dem Füttern gemacht werden müssen.

Dazu gehört zu allererst die **Berechnung der täglichen Futtermenge.**

Damit schaffen Sie die Grundlage für die Aufteilung in die zwei Grundfutteranteile – nämlich tierischer und pflanzlicher Art.

Jetzt erfolgt die **Aufteilung der Tagesportion in tierische und pflanzliche Anteile**.

Zu guter Letzt sollten Sie natürlich noch **wissen, was Sie alles füttern dürfen**.

Die nachfolgenden Angaben sollen Ihnen in der ersten Zeit als Orientierungshilfe bei der Einstufung Ihres Hundes sowie bei der Berechnung und Aufteilung der täglichen Futterportion dienen.

Frauchen von Bilbo, Playa, Maya, Urano

...zwei meiner Mäuse hatten früher kein Fell an Bauch und Brust. Nach einer Woche aber wuchs an den haarlosen Stellen auf einmal das erste Fell. Ich konnte es kaum glauben

Die Berechnungsgrundlage

Hier erfolgt die Berechnung der Tagesportion.

Da jeder Hund andere Mengen und Aufteilungen benötigt, haben Experten eine grobe Richtlinie für die Berechnung der Futtermenge aufgestellt.

Diese gilt es jetzt an Ihren Hund anzupassen.

* *Das Grundgerüst der Futterberechnung*

Futterberechnung	Berechnungs- grundlage pro kg Körper- gewicht in %	Mahlzeiten	Anteil tierisch/ Pflanzlich Beispiel- daten
Welpen 2-6 Monate	5 - 6%	4-5	70/30
Junghunde 7-9 Monate	5%	3-4	60/40
Junghunde 10-12 Monate	4%	3-4	60/40
erwachsene Hunde ab 1 Jahr	2 - 3%	2-3	60/40
Senioren	2 - 4%	2-3	50/50

Die Grundwerte der Tabelle sind abhängig von Alter, Geschlecht, Rasse, Gesundheitszustand, Energiebedarf, Aktivität, Verhalten und vom Allgemeinbefinden des Hundes. Sind Sie sich unsicher, sprechen Sie mit Ihrem Ernährungsberater.

Bei Welpen und Junghunden muss die Tagesmenge immer dem aktuellen Gewicht angepasst werden. Daher sollten Sie Ihren Hund mindestens 1 x pro Woche wiegen.

Ausgewachsene Hunde und Senioren benötigen in der Regel keine weitere Anpassung der Tagesmenge. Nimmt Ihr Hund ab, erhöhen Sie die Futtermenge, nimmt er zu, verringern Sie die Menge.

Schauen Sie auf Ihren Hund, nehmen Sie eventuelle Veränderungen wahr und achten Sie stets auf sein Gewicht. So können Sie die Tagesportion oder auch die tierischen und pflanzlichen Anteile entsprechend anpassen, z. B. wenn Verhaltensauffälligkeiten zunehmen oder sich Allergien nicht bessern.

- *Futtermenge/Tagesportion berechnen*

Für die Berechnung der Tagesmenge benötigt man das Alter des Hundes, das Gewicht sowie die Berechnungsgrundlage aus der Tabelle.

Unser Beispielhund ist 5 Jahre alt, kastriert und wiegt 20kg. Er ist gesund, ausgeglichen, nicht zu dick oder zu dünn und es gibt nichts weiter zu berücksichtigen. Lt. Tabelle können wir die Tagesportion mit 2% pro kg Körpergewicht berechnen.

Der Beispielhund bekommt also 400g Futter am Tag (20kg x 2% = 0,4kg = 400g).

Tierische & pflanzliche Zutaten

Jetzt erfolgt die Aufteilung der Tagesmenge in die tierischen und pflanzlichen Anteile.

Lt. Tabelle können wir für den Beispielhund einen 60% tierischen und 40% pflanzlichen Anteil für die Berechnung berücksichtigen.

Grundlage ist die Tagesmenge von 400g, daraus folgt:

tierisch: 60% von 400g = 240g
pflanzlich frisch: 40% von 400g = 160g **ODER**
pflanzlich Flocken: 25% von 160g = 40g + 120ml Wasser

Die Tagesportion von 400g setzt sich also aus 240g Fleisch/Fisch und 160g Gemüse, Obst, Getreide zusammen. Diese teilen Sie dann auf die Anzahl der Mahlzeiten auf.

Dabei ist es nicht wichtig, dass jede Mahlzeit exakt die gleiche Menge enthält.

Füttern Sie zweimal täglich, teilen Sie die Menge in zwei Portionen, füttern Sie dreimal täglich, teilen Sie die Menge eben in drei Portionen auf.

Was bedeutet nun die Aufteilung der tierischen und pflanzlichen Zutaten?

- *Fleisch/Fisch*

Der tierische Anteil bedeutet nichts anderes als Fleisch, Fisch oder Knochen. Das gilt sowohl für rohe Waren als auch für gekochte.

Dabei spielt es keine Rolle, ob Sie das Fleisch selbst abkochen oder reine Fleisch-/Fischdosen verwenden.

- *Gemüse, Obst, Kohlenhydrate*

Kohlenhydrate sind alle Sättigungsbeilagen, die der Hund neben Gemüse und Obst erhält, wie z. B.: Kartoffeln, Reis, Nudeln, Hafer, Dinkel, Hirse, Buchweizen, Amaranth, Quinoa.

Dabei unterscheidet man zwischen zwei Arten des pflanzlichen Anteils – erstens den frischen und zweitens den getrockneten Anteil (=Flocken).

Frischer pflanzlicher Anteil
Haben Sie genug Zeit und macht es Ihnen nichts aus für Ihren Hund alle Zutaten frisch zuzubereiten, dann können Sie Gemüse und Obst der Tagesportionen entweder roh vorbereiten oder kurz dünsten.

Frisches Obst und Gemüse kann man auch in größeren Mengen vorbereiten und in Portionen einfrieren - egal ob es roh oder gedünstet verarbeitet wird.

Dann einfach die fertigen Portionen auftauen lassen, einen Tropfen Öl dazu und mit dem tierischen Anteil mischen.

Die Kohlenhydrate in Form von Kartoffeln, Reis und Nudeln müssen gekocht werden, da diese – wie für uns Menschen – ungekocht nicht genießbar sind.

Getrockneter pflanzlicher Anteil = Flocken

Wenn Sie unter Zeitdruck stehen oder einfach keine Lust auf „selbst kochen" haben, dann können Sie auch hochwertige Flocken für die tägliche Hundemahlzeit verwenden.

Die Flockenauswahl ist sehr groß und Sie können damit die Hundemahlzeit genauso abwechslungsreich gestalten wie mit frischen Zutaten.

Flocken erhalten Sie sowohl als Gemüse-, Getreide- und Trockenobstflocken.

Alle Flocken haben eines gemeinsam – sie müssen mindestens 20 Minuten vor dem Verzehr im warmen Wasser eingeweicht werden! Trockenobst sogar noch etwas länger – ca. 1 Stunde vorher.

Die Grundlage zur Berechnung der richtigen Flockenmenge ist immer der frische pflanzliche Anteil. Von diesem Wert – in unserem Beispiel sind das 160g – nehmen Sie 25%, also 40g.

Der Flockenanteil beträgt also immer ca. 25% vom frischen Anteil!

Familie von Lana

…auf Grund der Krankheit (Futtermittelallergie) unserer Labradorhündin haben wir den Weg der natürlichen und artgerechten Ernährung gewählt

Durch das Einweichen quellen die Flocken mehr oder weniger stark auf und erreichen so – zusammen mit dem Wasser - in etwa das gleiche Gewicht wie der Anteil pflanzlich frisch – also 160g.

Sie können die gesamte Tagesportion Flocken einweichen, damit ersparen Sie sich das Abwiegen der einzelnen Portionen.

Mischen Sie aber bitte das Fleisch NICHT mit den gequollen Flocken, sondern vermengen dieses immer erst im Napf. Es könnten Gärungsprozesse entstehen, die die gesamte Tagesportion ungenießbar machen.

Bitte immer nur die Tagesmenge an Flocken einweichen und nicht die Menge für mehrere Tage.

Die eingeweichte Flockenmenge können Sie problemlos in einem geschlossenen Behälter aufbewahren.

Der pflanzliche Anteil (egal ob frisch oder in Flocken) versteht sich immer als Gesamtmenge – also Gemüse, Obst und Kohlenhydrate.

Sam und Laila
… Frauchen rührte und pürierte und rührte und mischte und stellte am Ende je einen bunt gefüllten Futternapf für Laila und mich hin.

…ich, der so mäkelig war, schmiss mich ab jetzt an vorderste Front, um nix zu verpassen. Frauchen guckte sich immer ganz interessiert unsere Häufchen an, suchte mit Stöckchen nach unverdauten Resten darin. Die spinnen die Menschen. Wenn wir unsere Nasen in fremde Haufen stecken gibt's Ärger.

Sie müssen nicht jeden Tag Gemüse, Obst und Kohlenhydrate im gleichen Verhältnis füttern. Es bleibt Ihnen überlassen, wie Sie die einzelnen Mahlzeiten zusammenstellen.

So können Sie einen Tag alles mischen, am anderen Tag nur Gemüse füttern, wieder einen anderen Tag nur Getreide und so weiter.

Dabei sollte der Anteil des Getreides jedoch so gering wie möglich sein, der Gemüseanteil recht hoch und der frische Obstanteil – je nach Hundegröße – zwischen ½TL - 2TL liegen.

Verwenden Sie statt frischem Obst lieber Trockenobst, geben Sie davon höchstens zwei- bis dreimal die Woche ½ - 1 Teelöffel, da die enthaltenen Nährstoffe im Trockenobst in stark konzentrierter Form vorliegen.

Familie von Gina, Sunny, Kolja, Connor, Jamie, Janosch

…als ich begonnen habe roh zu füttern, hatten wir vier ausgewachsene Cavaliere, einen halbwüchsigen Cavalier von einem halben Jahr und einen ca. 10-jährigen Mischlingshund. Diesen habe ich erst etwas später umgestellt, die Cavaliere von einem Tag auf den anderen. Alle Hunde haben das neue Futter mit Begeisterung angenommen und hatten keine Probleme mit der Umstellung. Nachdem dies so einfach war, habe ich dann auch dem Mischling gewolftes rohes Fleisch mit Gemüse- oder Obstbrei angeboten und auch er war ganz begeistert!

Saure und basische Lebensmittel

Auf Grund der Ernährung sind heutzutage viele Hunde übersäuert – auch der natürlich ernährte Hund! Doch was ist damit eigentlich gemeint?

Damit der Stoffwechsel beim Hund funktioniert, muss das Verhältnis von Säuren und Basen im Körper stimmen. Verändern sich die Säurekonzentrationen, werden alle biochemischen Vorgänge im Organismus in ihrer Aktivität gehemmt oder aktiviert – beides ist nicht gut.

Auch Umwelteinflüsse, Medikamente, Stress und Krankheit beeinflussen den Säure-Basen-Haushalt negativ. Fieber und Entzündungen tragen ebenso zur Bildung von zusätzlichen Säuren im Organismus bei.

Die Regulation des Säure-Basen-Haushalts wird durch ein komplexes System des Organismus gesteuert, um überflüssige Säuren loszuwerden. Das geschieht über den Kot, den Urin, die Atmung und den Schweiß.

Normalerweise schafft es der Organismus des Hundes, Säurebildung selbst zu neutralisieren. Wenn aber zu viel „Säuren" vorhanden sind, ist der Organismus vollkommen überfordert.

Beim Fertigfutter (Trockenfutter & Co.) liegt es an dem hohen Getreideanteil, beim BARFEN liegt es am hohen Fleischanteil. Beides – Getreide und Fleisch – sind saure Lebensmittel.

Daher ist es absolut wichtig, die natürliche Ernährung so **ABWECHSLUNGSREICH** wie möglich zu gestalten.

Dazu gehört ein großer Teil Gemüse und andere basische Lebensmittel, die den Ausgleich zu den sauren Lebensmitteln schaffen – zumindest teilweise.

Auch gibt es diverse Nahrungsergänzungen, die gefüttert werden können z.B.:

Basica, Kieselerde, Schüssler-Salze (Calcium, Magnesium, Zink, Eisen, Natrium, Kalium).

Das sollte man ausprobieren, BEVOR man auf die chemische Keule in Form von Säureblockern zurückgreift.

Setzen Sie die Schüssler-Salze aber bitte **nicht ohne Rücksprache** mit einem Therapeuten ein.

So gut die Homöopathie ist, so schlecht ist das Ergebnis, wenn man keinerlei Erfahrung damit hat oder nur auf den Rat eines guten Freundes gehört hat.

Frauchen von Bilbo, Playa, Maya, Urano

Am Anfang ca. die ersten 1-2 Wochen brauchte ich noch etwas mehr Zeit bis ich den Dreh raus hatte, aber heute brauche ich nicht mehr Zeit als früher. Meine Galgo Mäuse waren sofort begeistert. Die Futterschüssel wurden intensiv ausgeleckt.

- *Übersicht basische Lebensmittel*

Obst

Ananas, Aprikose, Banane, Birne, frische Datteln, Erdbeere, Feige, Grapefruit, Heidelbeere, Himbeere, Honigmelone, Johannisbeere, Kirschen, Kiwi, Mandarine, Mango, Mirabelle, Nektarine, Orange, Papaya, Pfirsich, Pflaume, Zitrone

Gemüse

Algen (Nori, Wakame, Hijiki, Chlorella, Spirulina), Bleichsellerie (Staudensellerie), Blumenkohl, Brokkoli, Chicorée, Chinakohl, Fenchel, Grünkohl, Karotten, Kartoffeln, Kohlrabi, Kürbisarten, Mangold, Paprika gelb, rot, Pastinaken, Petersilienwurzel, Rote Beete, Gurken, Weißkohl, Wirsing, Zucchini

Kräuter und Salat

Basilikum, Bataviasalat, Brunnenkresse, Chinakohl, Chicorée, Dill, Eichblattsalat, Eisbergsalat, Endivien, Feldsalat, Friseesalat, Gartenkresse, Kerbel, Kopfsalat, Löwenzahn, Lollo-Rosso-Salat, Lollo-Bionda-Salat, Petersilie, Portulak, Romanasalat, Rucola, Salbei, Spinat (jung)

Sprosse und Keime

Alfalfa, Amaranth, Buchweizen, Fenchelsamen, Rucola, Kresse, Leinsamen, Mungobohnen, Sonnenblumenkerne

Nüsse

Mandeln, Kürbiskerne, Kürbiskernmus

● *Übersicht saure Lebensmittel*

Saure Lebensmittel immer mit Basenspender kombinieren!

Fleisch, Fleischbrühe, Fische und Schalentiere, Milch und Milchprodukte (auch fettarme), wie Quark, Joghurt, Kefir und alle Käsesorten, auch von Schaf und Ziege, Hülsenfrüchte (Erbsen, Bohnen, Linsen), alle Nüsse außer Mandeln, alle Arten von Getreide und Getreideprodukte, Nudeln, Reis, Brötchen, Brot und anderes Gebäck sowie Vollkornprodukte, Dinkel, Soja, Amaranth, Quinoa, Honig, gehärtete, raffinierte Fette und Öle, auch Margarine, billige Salatöle, Tofu

Die Zutaten

Jetzt müssen Sie eigentlich nur noch wissen, was Sie Ihrem Hund füttern dürfen. Fangen wir also an!

- *Fleisch / Fisch*

Fleisch und Fisch gehören zu den sauren Lebensmitteln.

Frischfleisch
Sie erhalten Frischfleisch bei dem Metzger Ihres Vertrauens oder in der Schlachterei.

Das Angebot ist vielfältig und die Preise sehr unterschiedlich. Sie dürfen an Frischfleisch eigentlich alles roh füttern, was Ihr Hund mag und verträgt.

Ausgenommen ist rohes Schweinefleisch, da es für den Hund tödlich sein kann. Im rohen Schweinefleisch kann das Aujeszky-Virus enthalten sein. In Deutschland ist es zwar fast ausgeschlossen - aber man sollte auf Nummer sicher gehen.

Sie sollten das Schweinefleisch abkochen, so besteht keine Gefahr mehr, da dieses Virus bei 60°-80° abgetötet wird und somit keinen Schaden mehr anrichten kann. Für uns Menschen ist dieses Virus ungefährlich.

Frisches Fleisch vom Schlachthof ist meist günstiger als beim Metzger. Dieses Fleisch muss häufig noch zerkleinert und in Portionen eingefroren werden.

Das dauert natürlich seine Zeit, ist aber eine Alternative für jene, die das Verarbeiten von frischem Fleisch nicht stört.

Knochen
Alle Arten von Knochen MÜSSEN roh gefüttert werden und es sollte an ihnen noch ein hoher Fleischanteil haften.

Beim Kochen wird das in den Knochen enthaltene Collagen zerstört und wandelt sich in Gelatine um. So wird der Knochen instabil und zersplittert leichter, die Knochen werden porös. Das kann zu schlimmen Verletzungen beim Hund führen - im schlimmsten Fall kann das tödlich enden.

Bevor Sie mit der Knochenfütterung anfangen, sollten Sie sich gute Lektüre besorgen oder mit Menschen sprechen, die das bereits seit einiger Zeit praktizieren.

Frisches Geflügel können Sie ebenso roh verfüttern. Nicht geeignet sind Putenknochen. Diese sind oft sehr hart und die Röhrenknochen (Keule, Flügel) können leicht splittern.

Angst wegen Salmonellen müssen Sie nicht haben, da die Säure des Hundemagens damit wesentlich besser umgehen kann als die von uns Menschen.

Meistens kann man auf Bauernhöfen, Hofläden oder Wochenmärkten frisches Geflügel kaufen.

Viele Hundehalter haben gute Erfahrungen mit der Knochenfütterung gemacht. Auf die Dosierung kommt es an - ab und an mal ein paar Hühner- oder Putenhälse, nicht jeden Tag und auch nicht in großen Mengen ist vollkommen in Ordnung.

Letztendlich muss jeder selbst entscheiden, ob er Knochen füttert oder nicht. Für die Hundezähne ist es jedoch ratsam, ab und zu mal was Rohes zum Knabbern zu geben.

Wenn Sie keine Knochen füttern möchten, können Sie als Alternative auf Knochenmehl zurückgreifen. Dieses wird einfach ins Futter gerührt. So erhält der Hund seine nötige Portion Calcium.

Aber Achtung! Lassen Sie Ihren Hund nie unbeaufsichtigt, wenn er Knochen frisst!

Frischfleisch tiefgefroren
Als sehr gute Alternative bietet sich jedoch auch tiefgefrorenes Frischfleisch an. Dieses erhalten Sie von diversen Händlern in unterschiedlichen Qualitäten. Auch Fleischsorten wie z. B. Pferd, Strauß, Känguru, Kaninchen, Kudu, Springbock etc. sind tiefgefroren zu bekommen.

Es kann durchaus sein, dass Ihr Hund vom Lieferanten A das Fleisch frisst, vom Lieferanten B dagegen nicht.

Aus diesem Grund empfehle ich, Ihren Hund erst einmal probieren zu lassen, bevor Sie von einem neuen Lieferanten größere Mengen bestellen.

Der Vorteil von tiefgekühltem Frischfleisch liegt darin, dass Sie das Fleisch nicht noch verarbeiten müssen.

Es ist bereits gewolft oder in Würfel geschnitten und vom Preis her relativ günstig. Je nach Größe des Hundes und der vorhandenen Tiefkühltruhe wird es in verschiedenen Packungsgrößen angeboten.

Frischer Fisch
Sie können Ihrem Hund auch frischen, rohen Fisch füttern – ruhig auch komplett mit Haut, Kopf und Gräten.

Gräten im rohen Fisch sind weich und elastisch und richten keinen Schaden an. Sind sie gekocht, werden sie hart und unbiegsam und können in der Hundekehle stecken bleiben.

Ist es ein grätenfreier Fisch (z. B. Fischfilet), ist kochen und verfüttern kein Problem.

Einige Hunde haben ein Problem mit „Fisch am Stück". Dann können Sie diesen entweder klein schneiden, wolfen oder gleich fertig gewolften Fisch kaufen.

Frauchen von Bilbo, Playa, Maya, Urano

...zudem wurden sie nicht mehr so schnell aus der Ruhe gebracht wenn sie angebellt wurden. Das ganze Verhalten hat sich nach und nach positiv verändert. Sie bekamen einen klareren Blick, das Fell wurde dichter und fester. Sie machten nicht mehr so viele und große Haufen, die auch nicht mehr so übel rochen. Das Futter wurde viel besser verwertet.

Das dürfen Sie füttern

Rind, Geflügel, Pferd, Lamm, Kaninchen, Wild, Ziege, rohe Fische, Fleisch gekocht – auch Schweinefleisch, rohe Knochen - mit viel Fleisch drum herum (Hühnerhälse, Oberschenkelknochen, Rippen (Kalb oder Pferd), Karkassen (z. B. Gerippe vom Huhn, Knorpel, Rinderbrustbein, etc.)

In geringen Mengen erlaubt – Innereien 1 x pro Woche:
Leber, Nieren, Blättermagen, Herz, Pansen, Geflügelmägen

Das füttern Sie bitte NICHT

rohes Schweinefleisch, gekochte Knochen, gekochter Fisch mit Gräten, älteres Geflügel (z. B. Suppenhuhn - Knochen sind schon hart und spröde), Röhrenknochen (da diese leicht splittern), Därme, Magen-Darm-Trakt

---

Familie von Mia und Monti

…allerdings kommt unser Monty, ein Podenco-Mix, aus der Tötung in Griechenland (Korfu). Er war erst neun Monate als wir ihn bekamen, ängstlich und mager und nicht in der Lage sein Futter auch nur einen Tag richtig zu verwerten. Entweder hat er gebrochen oder er hatte Durchfall oder beides zusammen. Wir haben hier im Einzelhandel die Futtersorten rauf und runter probiert. So haben wir uns ca. 1 Jahr durchgeschlagen und meistens habe ich auf Anraten meiner Tierärztin selber gekocht.

- ***Gemüse***

Gemüse zählt zu den basischen Lebensmitteln.

Diese Ernährungsform ist neben dem Fleisch die wichtigste Grundlage einer gesunden Hundeernährung. Sorgt es doch für einen Ausgleich des Säure-Basen-Haushaltes des Hundes. Daher kann man nie genug Gemüse füttern.

Der Hund erhält dadurch natürliche Vitamine, Enzyme und Mineralstoffe. Eine positive "Nebenwirkung" dieser Fütterung ist die Pflege/Reinigung des Darms durch Faserstoffe.

Gemüse und Obst sollte in vielfältiger Abwechslung gefüttert werden, um Mangelerscheinungen zu vermeiden.

Optimal ist die Versorgung des Hundes mit saisonal erhältlichen Gemüsesorten. Bitte achten Sie darauf, dass dieses nicht gespritzt bzw. chemisch behandelt wurde.

Frischgemüse - wie füttern?
Da dem Hund die notwendigen Enzyme zum Aufschließen der Zellstruktur fehlt, müssen wir das für ihn übernehmen, indem wir Gemüse fein pürieren oder leicht dünsten und klein schneiden.

Sie können das Gemüse allein füttern oder mit Obst, Getreide oder der Fleischportion mischen.

Die Gemüseration kann auch auf Vorrat hergestellt werden, in dem Sie es entweder roh pürieren oder dünsten und dann in Portionen einfrieren. So nutzt man am besten die saisonalen Angebote.

Frisch zubereitetes Gemüse kann zwei bis drei Tage im Kühlschrank aufbewahrt werden.

Gemüseflocken (getrocknet, zerkleinert)
Selbstverständlich können Sie auch Gemüseflocken füttern. Gemüseflocken erhalten Sie als Gemüsemix und als Einzelgemüse. Die Auswahl ist sehr groß.

Tipp: wenn Ihr Hund "bunte" Häufchen macht, dann sind die Flocken zu grob und müssen noch weiter zerkleinert werden, sonst hat Ihr Hund nichts von den Vitaminen und Nährstoffen – kann diese also nicht verwerten.

Das macht man am besten mit einem Mixer im rohen oder eingeweichten Zustand – je nachdem, was für Sie praktischer ist.

Familie von Mia und Monti

…und dann kam Mia aus der Pflegestelle von Sabine und mit ihr alle Sachen über das Barfen. Erst hat mir Sabine die Hölle heiß gemacht, dann unsere Hundetrainerin Tanja und zum guten Schluss auch noch unsere Tierärztin Monika. Die findet Barfen richtig gut und ist begeistert.

Das dürfen Sie füttern

Bataviasalat, Blumenkohl, Brokkoli, Brunnenkresse, Chicoree, Chinakohl (kann auch roh verfüttert werden, verursacht keine Blähungen), Eichblattsalat, Eisbergsalat, Endiviensalat, Feldsalat, Fenchel, Gartenkresse, Grünkohl, Gurken, Kartoffel gekocht, Keimlinge, Kürbisfleisch, Lollo Rosso, Lollo Bianco, Löwenzahn, Mangold, Möhren, Paprika gelb, rot, Pastinak, Portulak, Romanasalat, Rote Beete, Rucola (Alternative zu Löwenzahn), Rüben, Salat, Sellerie, Staudensellerie, Topinambur, Wirsing, Wurzelpetersilie, Zucchini

In geringen Mengen erlaubt:
Artischocken, Bärlauch, Erbsen, Knoblauch, Kopfsalat, Kohlsorten (können Blähungen verursachen, bitte vorsichtig testen, sollten gedünstet werden), Küchenkräuter die starke ätherische Öle enthalten, Tomaten NUR reife Früchte, Spinat (aufpassen bei Welpen)

Das füttern Sie bitte NICHT

Avocado, Auberginen, Bohnen roh, Kartoffeln roh, Hülsenfrüchte, Peperoni, Quitten, Rettich, Zwiebeln

---

Familie von Paddy und Henry

Für meine Hunde war die Umstellung kein Problem. Meine Hunde sind viel ausgeglichener und seitdem verwertet Henry das Futter auch besser und unser Paddy genießt im wahrsten Sinne des Wortes das Futter

- *Obst*

Auch Obst zählt zu den basischen Lebensmitteln. Neben Fleisch und Gemüse zählt Obst zu einer wichtigen Grundlage der gesunden Hundeernährung. Der Hund wird dadurch mit natürlichen Vitaminen, Enzymen und Mineralstoffen versorgt.

Als sehr guter Enzymlieferant ist hier Ananas und Papaya zu nennen.

Eine positive "Nebenwirkung" dieser Fütterung ist die Pflege/Reinigung des Darms durch Faserstoffe. Obst sollte in vielfältiger Abwechslung gefüttert werden, am besten greifen Sie auf die gängige Saisonware zu.

Bitte achten Sie darauf, dass das Obst nicht gespritzt bzw. chemisch behandelt wurde.

Frischobst - wie füttern?
Da dem Hund die notwendigen Enzyme zum Aufschließen der Zellstruktur fehlen, müssen wir das für Ihn übernehmen, indem wir Obst fein pürieren. Obst sollte immer in reifer bzw. überreifer Konsistenz gefüttert werden.

Familie von Mia und Monti

Die Umstellung war für mich das größte Problem, meine Hunde hatten überhaupt kein Problem damit. Ich habe die Mahlzeiten fertig gemacht, die beiden sind zu ihren Schüsseln gegangen und haben alles blankgeputzt. Ich habe sie beobachtet, bekommt Ihnen das Futter, haben sie Probleme, Durchfall, brechen etc. Blödsinn alles gut.

Obst kann ebenfalls mit Fleisch und Gemüse gemischt oder aber zusammen als vitaminreiche Zugabe mit Getreide gefüttert werden.

Die Obstration kann auch auf Vorrat hergestellt werden, in dem Sie es pürieren und in Portionen einfrieren.

Durch das Einfrieren und wieder auftauen verliert Obst aber einige wichtige Stoffe, so dass man die Portionen - wenn es geht - lieber frisch verfüttern sollte.

Frisch zubereitetes Obst kann 2 - 3 Tage im Kühlschrank aufbewahrt werden.

Trockenobst
Das Trocknen von Früchten gehört zu den ursprünglichsten und ältesten Konservierungsmethoden.

Bei der Trocknung wird den Früchten Wasser entzogen und dadurch die Vermehrung von fäulnis- oder schimmelbildenden Mikroorganismen gehemmt.

Dadurch bleiben die Trockenfrüchte länger haltbar.

Frauchen von Shira, Briana und Jasirah

Bis vor 2 Jahren, als ich chronisch krank wurde, habe ich das Essen für meine Hunde selber zubereitet. Schweren Herzens stellte ich auf Fertigfutter um.2 meiner Hunde hatten seitdem immer wieder Magen-Darmprobleme. Meine älteste Hündin, 15 Jahre, bekam zudem noch juckende Hautprobleme. Ich entschied mich nochmals für eine Futterumstellung.

Die Trocknung erfolgt in speziellen Anlagen oder in der Sonne und das alles sehr schonend bei niedrigen Temperaturen.

So bleibt der Gehalt an hitzeempfindlichen Inhaltsstoffen (z.B. Vitamin C) noch möglichst hoch.

Der Wassergehalt sinkt durch den Trocknungsvorgang von 80% bis auf ca. 20%. Deshalb liegen die enthaltenen Nährstoffe im Trockenobst in stark konzentrierter Form vor.

In Trockenfrüchten sind große Mengen an Kohlenhydraten (Fruchtzucker, Traubenzucker) und Ballaststoffen enthalten.

Ferner sind sie reich an Vitaminen und Mineralstoffen wie z. B. Kalium, Calcium, Phosphor, Magnesium, Eisen.

Selbstverständlich können Sie auch Trockenobst füttern. Dieses **MUSS** allerdings in natürlicher Form vorliegen, das heißt, ungeschwefelt und ohne Konservierungsstoffe, ohne Farbstoffe und ohne Zucker.

Übrigens: 100g Trockenobst entspricht ca. 1kg Frischobst.

Familie von Ennat

Als zwei Rottweiler von uns im Alter von nur 5 Jahren an Krankheiten verstarben (wurden mit Trockenfutter ernährt) wussten wir, dass unser neuer Rotti-Welpe eine artgerechte Ernährung bekommen sollte. Wir hatten uns schon ein wenig vorher auf einem Seminar informiert.

Trockenobst - wie füttern?

Das Trockenobst muss stets gut in Wasser eingeweicht werden - optimal am Vorabend - aber mindestens 1 Stunde vor dem Verfüttern.

Dann unbedingt fein pürieren, da der Hund die Zellulose nicht selbst aufspalten kann.

 **Das dürfen Sie füttern**

Ananas, Äpfel, Apfelsinen, Aprikosen, Bananen, Birnen, Brombeeren, Erdbeeren, Feigen, Grapefruit, Hagebutten, Heidelbeeren, Himbeeren, Honigmelone, Johannisbeeren, Kakifrucht, Kirschen, Kiwis, Kokos, Litschi, Mandarinen, Mango, Mirabellen, Nektarinen, Papaya, Pfirsich, Pflaumen, Stachelbeeren, Wassermelone, Zitrone

Das füttern Sie bitte NICHT

angeschimmeltes Obst, Holunderbeeren roh, Kapstachelbeeren, Karambole, Kerne vom Kernobst, Quitten, Rosinen, Trauben

- *Kräuter / Wildkräuter*

Kräuter und Wildkräuter sind basisch und gehören zu einer normalen Hundeernährung dazu. Allerdings sind hierbei einige Dinge zu berücksichtigen.

So sollte man Kräuter nicht jeden Tag und in übermäßigen Mengen füttern. Auch die Auswahl der Kräuter sollte mit Bedacht erfolgen, denn es gibt viele Garten- und Küchenkräuter mit einer heilenden Wirkung, die nur als Kur verabreicht werden dürfen. Diese sollten nicht ohne Anleitung eines Heilpraktikers oder Tierarztes angewendet werden.

Es gibt eine Vielzahl von Kräutern, die sich für die tägliche Hundenahrung eignen. Auch hier gilt: greifen Sie auf saisonale Ware zurück.

Kräuter - wie füttern?
Die Kräuter können mit der Gemüseration püriert werden, denn auch bei Kräutern gilt: die Zellulose kann vom Hund nicht aufgespalten werden, daher müssen die Zellwände der Kräuter durch das Pürieren von uns "gesprengt" werden.

Haben Sie allerdings FRISCHE Kräuter, hacken Sie diese ganz fein und geben Sie sie über die fertige Hundemahlzeit (untermischen geht natürlich auch).

Da Kräuter beim Zerkleinern schnell ihre wertvollen ätherischen Öle verlieren (durch die Luft), sollten Sie diese immer pro Mahlzeit hacken und verwenden.

Zum Verfüttern im Winter hat sich das Trocknen von Kräutern sehr bewährt.

Das dürfen Sie füttern
KRÄUTER
Alfalfa, Basilikum, Bohnenkraut, Borretsch, Brennnessel, Dill, Estragon, Hagebutten, Kerbel, Knoblauch - in Maßen, Liebstöckel, Majoran, Petersilie, Pimpinelle, Rosmarin

WILDKRÄUTER
Bärlauch - in Maßen, Breitwegerich, Giersch, Klettenlabkraut - in Maßen, Löwenzahn, Vogelmiere, Gras oder Klee

NUR NACH RÜCKSPRACHE MIT EINEM THERAPEUTEN

HEILKRÄUTER
Minze, Oregano, Salbei, Schnittlauch (antibiotische Wirkung), Thymian (antibiotische Wirkung), Ysop, Zitronenmelisse

WILDKRÄUTER
Beifuß, Beinwell, Birke, Breitwegerich, Brennnessel, Brombeerblätter, Brunnenkresse, Gänseblümchen, Himbeerblätter, Kamille, Sauerampfer, Sauerklee, Spitzwegerich

 **Das füttern Sie bitte NICHT**
Basilikum
nicht bei trächtigen Hündinnen

Liebstöckel
nicht bei trächtigen und säugenden Hündinnen anwenden

Petersilie
nicht bei trächtigen Hündinnen

Rosmarin
nicht bei Hunden mit Epilepsie

Salbei
nicht bei trächtigen Hündinnen und Hunden mit Epilepsie

Ysop
nicht bei trächtigen Hündinnen und Hunden mit Epilepsie

- *Nüsse*

Nüsse (außer Mandeln) gehören zu den sauren Lebensmitteln und sind reich an ungesättigten Fettsäuren, Mineralien, Vitaminen und Eisen.

Sie können die Hundeernährung wertvoll ergänzen.

Durch die hochwertigen Fette sind sie eine gute Energiequelle, daher nur sehr sparsam verfüttern. Sie sind kein Hauptnahrungsmittel.

Nüsse - wie füttern?
Auch Samen, Nüsse und Kerne müssen stark zerkleinert werden, da sie nur so vom Hund aufgenommen und verwertet werden können.

Sie sollten die Nussportion stets frisch zerkleinern und möglichst nicht lange liegen lassen, da eine zerkleinerte Nussmasse sehr schnell ranzig wird und verdirbt.

Sie können die zerkleinerte Nussportion aber auch gut einfrieren.

Bitte beachten Sie: Sie dürfen NUR UNGESALZENE Nüsse verfüttern!

Das dürfen Sie füttern
Cashewkerne, Erdnüsse, Haselnüsse, Kokosnüsse, Kürbiskerne, Leinsamen, Mandeln, Paranüsse, Pekannüsse, Pinienkerne, Sesam, Sonnenblumenkerne, Walnüsse

AUFPASSEN BEI
Erdnüssen
können Allergien auslösen, bitte vorsichtig anfangen, Hund gut beobachten

Leinsamen
quillt sehr stark im Verdauungstrakt des Hundes, daher NIE größere Mengen verfüttern. Roher Leinsamen kann Blausäure enthalten, daher ist gekochten Leinsamen den Vorzug zu geben. Gelber Leinsamen kann dagegen auch gut ungekocht/gemahlen verfüttert werden

Mandeln
nur die süßen Mandeln verfüttern

Paranuss
sehr kalorienhaltig, vorsichtig verfüttern

Sonnenblumenkerne
sehr fetthaltig, in Maßen verfüttern

Walnüsse
absolut fettreich, sparsam verwenden

- *Getreide / Pseudogetreide*

Getreide gehört zu den sauren Lebensmitteln. Es gibt drei unterschiedliche Merkmale!

- Getreide mit Gluten
- Getreide ohne Gluten
- Pseudogetreide

Getreide mit Gluten
Gluten ist ein sogenanntes Klebereiweiß und dient in erster Linie als Teiggerüst bei Brot und Gebäck. Es sorgt also dafür, dass Brot und Gebäck nicht auseinander fallen.

Zu den glutenhaltigen Getreiden gehören:
Dinkel, Gerste, Grünkern, Hafer, Roggen, Weizen.

Bei Hafer scheiden sich jedoch die Geister was den Gehalt an Gluten angeht.

In Deutschland steht Hafer auf der Liste glutenhaltiger Lebensmittel, in Finnland wird Hafer auf der glutenfreien Liste geführt.

Hafer enthält das Klebereiweiß Prolamin - zwar nur in geringen Konzentrationen, aber die Wissenschaftler sind sich noch nicht einige, wie sich dieser Gehalt auf allergische Reaktionen auswirkt.

Viele Hunde reagieren allergisch auf das Gluten, so dass hier nur eine Ernährung mit glutenfreien Lebensmitteln in Frage kommt.

Dazu kommt, dass diese Hunde meist auch gegen Weizen oder Getreide generell allergisch sind. Dann kommt nur eine absolut getreidefreie Ernährung in Frage.

Für den Hund ist das nicht schlimm. Viele Menschen sind der Meinung, der Hund wird ohne Getreide nicht satt, doch das ist ein Irrglaube.

Ferner wird dem Gluten nachgesagt, dass es Entzündungsprozesse im Körper nährt und einen schädlichen Einfluss auf kranke Gelenke und Epilepsie nehmen kann.

Familie von Mia und Monti

Die Zubereitung der Mahlzeiten ist nach einer kleinen Eingewöhnungsphase, genauso leicht und schnell, wie die Dose. Nichts ist ekelig oder riecht unangenehm, vielleicht der Pansen :), aber alles andere riecht angenehm frisch und da das Fleisch gewolft ist, ist es auch prima zu verarbeiten.

Getreide ohne Gluten

Diese sind wesentlich gesünder und bekömmlicher als glutenhaltige Getreidesorten.

Zu den glutenfreien Getreiden gehören u. a.:
Amaranth, Buchweizen, Hirse, Kartoffeln, Leinsamen, Mais, Quinoa, Reis, Soja

Pseudogetreide

Pseudogetreide sind Körnerfrüchte von Pflanzen, die nicht zur Familie der Gräser (Poaceae = alle echten Getreidearten) gehören. Die Früchte sind meist sehr reich an Stärke, Eiweiß, Mineralstoffen und Fett.

Sie besitzen zwar keine Eigenbackfähigkeit, wie z. B. Weizen oder Roggen, werden aber ansonsten ähnlich wie Getreidearten verwendet. Pseudogetreide ist generell glutenfrei.

Zu den Pseudogetreiden gehören:
Amaranth (Amaranthus - Fuchsschwanzgewächse)
Buchweizen (Fagopyrum esculentum - Knöterichgewächse)
Quinoa (Chenopodium quinoa - Fuchsschwanzgewächse) [5]

Hunde müssen eigentlich kein Getreide fressen. Es trägt lediglich zur schnelleren Sättigung des Hundes bei.

Ist der Hund gesund, können alle Getreidesorten in seinem Speiseplan berücksichtigt werden.

---

[5] *Quelle Text: http://de.wikipedia.org/wiki/Pseudogetreide*

Leidet er allerdings unter Unverträglichkeiten, Allergien, Gelenkerkrankungen, Haut- und Fellproblemen, epileptischen Anfällen etc., dann sollte man sorgfältig auswählen, welches Getreide man für die Fütterung verwendet.

Dazu ist es ratsam, entweder den Tierarzt, einen Tierhomöopathen oder einen Ernährungsberater zu fragen.

- *Kauartikel / Kekse / Leckerchen*

Natürlich dürfen in der Ernährung die Kauartikel und Leckerchen nicht fehlen. Das wurde bereits in der Berechnung der Tagesmenge berücksichtigt. Somit wird gewährleistet, dass der Hund trotz Leckerchen nicht zunimmt.

Auch bei den Kauartikeln und Leckerchen gibt es Unterschiede wie Tag und Nacht.

Achten Sie beim Kauf von Kauartikeln darauf, dass diese schonend getrocknet sind und keine chemischen Zusätze verwendet wurden. Diese erkennt man meistens am angenehmen Geruch.

Die meisten Kauartikel, die in Lebensmittel- und Tiernahrungsdiscountern erhältlich sind, kommen zudem aus dem fernen Osten. Daher sollte man eher auf in Deutschland hergestellte Produkte zurückgreifen, die meist frei von Schadstoffen sind.

Bei den Leckerchen sollten Sie darauf achten, dass nicht zu viel Getreide oder Nebenstoffe verwendet wurden.

Die perfekten - im Sinne von gesunden - Leckerchen gibt es nicht. Es sei denn, Sie backen diese selbst.

Vorteil: Sie wissen, was darin enthalten ist und können die Zutaten auf Ihren Hund abstimmen. Das ist insbesondere dann wichtig, wenn Sie einen allergischen Hund haben.

Nachteil: es nimmt ein paar Minuten Ihrer Zeit in Anspruch.

Anders als beim Backen für uns Menschen ist es nicht wichtig, dass der Teig für Hunde aus Mehl, Eiern oder Gewürzen besteht.

Wichtig ist hingegen, dass die Kekse trocken und hart werden. So kann man diese recht lange aufbewahren – am besten in einer Keksdose.

Bei gekauften Keksen achten Sie darauf, dass möglichst wenig Getreide oder sogenannte Nebenprodukte oder Fleischmehle und auf keinen Fall Zuckerstoffe erhalten sind.

Auch wenn sie etwas teurer sind, die meisten BIO-Kekse sind sehr gut und nur mit gesunden Zutaten gebacken.

Nahrungsergänzungsmittel

Viele glauben, wenn man einen Hund natürlich ernährt, muss man auch zwingend Nahrungsergänzungsmittel füttern, da er über die natürliche Ernährung nicht alles bekommt, was er benötigt.

Merke: ein Hund gilt über einen Zeitraum von ca. 4 Wochen als ausgewogen ernährt!

Wenn Sie also in dieser Zeit versuchen, die Hundemahlzeit so abwechslungsreich wie möglich zu gestalten und Ihr Hund gesund ist, dann ist die regelmäßige Fütterung mit Nahrungszusätzen nicht notwendig. In dem Fall ist weniger mehr.

Es gibt einige Gründe, die Hundeernährung mit bestimmten Zutaten zu ergänzen.

Dabei ist darauf zu achten, dass diese Ergänzungsmittel keinen Zucker, Nebenprodukte, Konservierungsstoffe etc. enthalten.

Familie von Lilly

Unsere Hündin (21 Mon.) hat einfach schlecht gefressen...

...von anderen Hundebesitzern und aus dem Internet erfuhren wir vom BARFEN. Schließlich probierten wir einfach mal aus, ob Lilly überhaupt rohes Fleisch frisst und siehe da, sie hat es mit Begeisterung getan

Die Gründe liegen z. B. bei Obst und Gemüse in der Ernte (meist unreif, wegen des Transports - so können sich die Nährstoffe nicht richtig ausbilden), oder sie könnten genmanipuliert sein.

In der Regel erhalten Hunde wenig Blut, Gedärme, Hirn, Augen, Fell, Horn - diese liefern aber wichtige Vitamine, Mineralstoffe, Fett– und Faserstoffe, die nicht immer durch andere Lebensmittel ersetzt werden können[6].

Auch kann es sein, dass beim Hund bestimmte Erkrankungen (z. B. des Gelenkapparates) vorliegen, bei denen eine zusätzliche Gabe von z. B. Grünlippmuschelextrakt sehr hilfreich sein kann, da es die Beschwerden lindert und somit das Wohlbefinden des Hundes erheblich steigern kann.

Aber wie immer gilt: bitte geben Sie Ihrem Hund nicht zu viel an Nahrungsergänzungsmitteln, da es sehr oft zu einer Überversorgung kommen kann.

Das ist bei wasserlöslichen Vitaminen nicht schlimm, da diese vom Körper wieder ausgeschieden werden.

Fettlösliche Vitamine (EDEKA = Vitamin E, D, K, A) werden hingegen im Körper gespeichert.

Im Allgemeinen gibt es zwei Kategorien von Nahrungsergänzungsmitteln!

---

[6] *Quelle: BARF von Swanie Simon*

Kategorie 1

Auf der einen Seite stehen Öle, Kräuter und sonstige Nahrungsergänzungen wie Hüttenkäse, Honig, Eier etc.

Diese können Sie in Abwechslung regelmäßig ins Futter geben.

Zermahlen Sie z. B. Eierschalen und mischen diese ins Futter. Sie sind ein hervorragender Calciumspender.

Geben Sie ein paar Tropfen Öl ins Futter – so lösen sich die fettlöslichen Vitamine prima.

Mischen Sie ruhig mal etwas Hüttenkäse, Honig und gequetschte Banane. Das wird gern als Zwischenmahlzeit oder kleinere Belohnung genommen. Sollte Ihr Hund davon Durchfall bekommen, kann das an dem Milchprodukt liegen. Dann dieses einfach weglassen.

Gern gefressen werden auch ganze, rohe oder gekochte Eier. Nicht zu oft, einmal die Woche reicht.

Kategorie 2

Auf der anderen Seite stehen alle Ergänzungen, die zur Unterstützung, Linderung oder Vorbeugung von Symptomen gefüttert werden können. Diese sollten in Abhängigkeit der Erkrankung angewendet werden.

So kann man z. B. Grünlippmuschelextrakt regelmäßig ins Futter geben, das Magen-, Darmmittel jedoch nur als Kur.

Um zu entscheiden, welche Nahrungsergänzung aus Kategorie 2 Ihr Hund in welchem Mengen benötigt, ist eine genaue Beobachtung wichtig um festzustellen, was dem Hund fehlt.

Der Rat eines Homöopathen oder Ernährungsberaters kann hierbei eine wichtige Rolle spielen.

Darüber hinaus ist eine regelmäßige Blutabnahme zwecks Kontrolle beim Tierarzt ratsam. So kann festgestellt werden, ob der Hund z. B. Mangelerscheinungen hat oder ob andere Erkrankungen vorliegen.

Familie von Sam und Laila

Nach kurzer Zeit experimentierte Frauchen auch mit Käse, Hüttenkäse, Eiern, Harzer, Nüssen, Ölen, -zig verschiedenen frischen Gemüsen, Obstsorten und Fleischmischungen. Ich glaube, sie liebt es inzwischen uns zu verwöhnen. Meine Pupsmännchen sind auch so gut wie verschwunden und ich habe viel mehr Lust mit anderen Hunden rumzutoben. Die Menschen sagen immer, ich wäre viel munterer und lebendiger geworden.

Die Zubereitung der Mahlzeit

Jetzt wissen Sie, wie man die tägliche Futtermenge ausrechnet und diese in den tierischen und pflanzlichen Anteil aufteilt.

Dann haben Sie gelernt, was man füttern darf und was nicht.

Auch haben Sie sich bereits Gedanken gemacht, WIE Sie Ihren Hund füttern wollen und wie viel Zeit Ihnen für die Zubereitung zur Verfügung steht.

Haben Sie viel Zeit und Lust, für Ihren Hund die Mahlzeiten „frisch" zuzubereiten, dann verarbeiten Sie frisches Gemüse, Obst und Getreide.

Ist Ihre Zeit eher knapp und möchten Sie nicht so viel Aufwand betreiben, dann verwenden Sie Flocken in allen Variationen sowie Trockenobst.

Sie können sowohl frische als auch getrocknete Zutaten füttern sowie im Wechsel rohes oder gekochtes Fleisch/Fisch.

Jetzt können Sie anfangen: pürieren, dünsten, einweichen, mischen – ganz so, wie Sie es wollen.

Bitte wiegen Sie nicht jede Mahlzeit exakt genau ab. Solange die Tagesmenge stimmt, können Sie die Portionen so verteilen, wie Sie wollen.

Sie sehen, es bleibt Ihrer Fantasie überlassen, WIE Sie WAS füttern.

Bemerkung: Einige meiner Kunden füttern z. B. im Urlaub nur Trockenfutter. Andere verwenden gutes Trockenfutter als Trainings-Leckerchen. Wieder andere wählen für den Urlaub die Variante gekochtes Fleisch und Flocken, auch das können Sie machen.

Es gibt keine allgemeingültige Vorgehensweise – wie bereits auf den ersten Seiten erwähnt:

So natürlich, gesund und abwechslungsreich wie möglich für den Hund aber auch einfach in der Zubereitung für den Menschen!

Frauchen von Kara

Durch eine Bekannte wusste ich, dass sie Ihre Hunde auf Barf umgestellt hatte und sehr zufrieden mit dem Ergebnis war. Also haben wir es ausprobiert. Kara fand es von der ersten Mahlzeit an klasse. Sie hat abgenommen, die Anfälle sind fast gänzlich verschwunden und der Hund ist topfit.

Gesundes Futter, glücklicher Hund

Mit der Umstellung auf eine natürliche Ernährung geben Sie dem Hund eine wichtige Grundlage für seine Gesundheit.

Natürlich kann man damit keine Krankheiten verhindern oder heilen, aber Sie unterstützen den Organismus Ihres Hundes im positiven Sinn.

Leider denken die meisten Menschen über eine gesunde und natürliche Ernährung ihrer Hunde erst nach, wenn es ernst wird.

Viele meiner Kunden sind zu mir gekommen, als ihre Hunde schwer krank wurden und sie nicht mehr weiter wussten. Dabei handelt es sich z. B. um Erkrankungen der Leber, der Bauchspeicheldrüse, Darmprobleme, hochgradige Allergien und Unverträglichkeiten etc.

Oft dauert es etwas, bis man den richtigen Weg gefunden hat. Sehr oft muss ein guter Tierarzt oder Naturheilkundler mit einbezogen werden.

Wer mit offenem Blick durchs Leben geht, sieht wenn es dem eigenen Hund nicht gut geht. Vieles sieht man leider nicht auf den ersten Blick, z. B. Lebensmittelunverträglichkeiten.

Diese können von Dauer sein oder aber nur kurze Zeit auftreten, so dass ich eher von Lebensmittelirritationen spreche.

Diese können mittels verschiedenen Testverfahren festgestellt werden.

Bewährt hat sich oft das bioenergetische Verfahren, wo mittels eines Tensors die „schlechten" Lebensmittel herausgefunden werden.

Weiß man dann welche Lebensmittel nicht verträglich sind, verzichtet man auf diese einfach für eine gewisse Zeit.

Nach meinen Ernährungsberatungen bin ich immer wieder erstaunt, wie viele Menschen plötzlich nach ersten Unsicherheiten sehr selbstbewusst mit der Ernährung ihrer Hunde umgehen.

Da wird jeden Tag ein bisschen mehr ausprobiert, bis man den richtigen Weg für seinen Hund und sich selbst gefunden hat – und das ist genau das, was ich mit diesem Buch und meinen Beratungen erreichen möchte:

gesundes Futter, glücklicher Hund!

Familie von Sam und Laila

Laila frisst inzwischen reichlich rohes Fleisch. Manchmal auch noch Treppenstufen. Aber jetzt werde ich morgens wach und sie hat mir nicht mehr mein Körbchen angenagt. Ich glaube jetzt rieche ich gerade Fenchel, Sellerie, Kartoffeln, Möhren, Banane und äh, ich glaube Kiwi oder Orange. Manchmal übertreibt sie es...

Was bedeutet eigentlich...

- **Rohasche**

Vereinfacht gesagt ist die Rohasche im Wesentlichen die Summe aller Mineralstoffe und Spurenelemente.

Es gibt zwei Verfahrensweisen, um den Rohaschegehalt des Futters zu bestimmen.

1. Das Futter wird verbrannt und die daraus entstandene Asche wird gewogen.

2. Das Futter wird hochkonzentrierter Salzsäure ausgesetzt – so bleiben nur die anorganischen Substanzen zurück.

Im Hundefutter sollte ein gewisser Anteil an Mineralstoffen enthalten sein – z. B. Calcium, Magnesium, Phosphor.

Ist dieser Anteil aber „zu viel", gilt er als unverdauliche Masse und da schreibt der Gesetzgeber eine Höchstmengenkennzeichnung vor.

Sind die Werte von Calcium, Magnesium oder Phosphor separat ausgewiesen, sind sie Bestandteile der Rohasche und dürfen nicht dazu gerechnet werden.

- *Rohfaser*

Rohfaser = absolut unverdauliche Pflanzenfasern = Ballaststoff

Fleisch enthält keine Rohfasern. Auf reinen Fleischdosen stehen manchmal auch Rohfaser-Werte. Das bedeutet, dass z. B. grüner Pansen oder andere, mit Pflanzenteilen bestückte Innereien verwendet wurden.

- *Rohprotein*

Rohprotein ist die Summe aller Eiweißverbindungen, die im Futter vorhanden sind. Eiweiß besteht aus einzelnen Aminosäuren.

Um festzustellen, ob diese Eiweiße nun sehr hochwertig und damit wertvoll für den Hund sind oder nicht, muss man wissen, um was für Eiweiße es sich handelt.

Dazu wird ein Aminosäure-Muster erstellt, mit dem man die Wertigkeit der Eiweiße aufschlüsseln kann. So gibt es sehr hochwertiges Eiweiß: z. B. aus Fleisch und auch sehr minderwertiges Eiweiß: z. B. aus Federn

Dabei hört/liest man immer wieder den Begriff „essentiell".

Dieser steht für lebensnotwendig, vom Körper nicht selbst produzierbar, muss über die Nahrung zugeführt werden, damit der Hund mit den benötigten Eiweißen ausreichend versorgt ist.

Die Deklaration von Rohprotein lässt allerdings keinen Rückschluss auf die Wertigkeit der enthaltenen Eiweiße zu.

So kann ein Hund trotz einer Rohprotein-Angabe von 26% unter einer Eiweißmangelerkrankung leiden, da man nicht weiß, um welche Art von verwendeten Eiweißen es sich handelt.

- *Rohfett*

Rohfett ist die Summe aller Fette. Hier ist es nicht anders als bei dem Rohprotein. Auch bei diesem Wert kann die Wertigkeit des Fettes nicht festgestellt werden.

Somit weiß man leider auch nicht, ob der Hund ausreichend mit den lebensnotwendigen, ungesättigten Fettsäuren versorgt wird.

Worin ist was enthalten

Hier finden Sie eine Übersicht der wichtigsten Mineralstoffe und Vitamine und worin sie enthalten sind.

- *Mineralstoffe*

Eisen: Leber, Nieren, rotes Fleisch, Eigelb, Sardinen, grün blättriges Gemüse, getrocknete Aprikosen und Feigen

Fluor: Fluorisiertes Wasser, Tee, Meeresfrüchte (besonders dann, wenn mit Gräten verzehrt)

Jod: Meeresfrüchte, Gemüse und Getreidekörner (besonders dann, wenn die Boden- und Wasserverhältnisse gut sind)

Kalium: Früchte, Gemüse und Kartoffeln, Vollkornbrot und Flocken, Fleisch, Milch. Umfangreich in frischen Lebensmitteln vorhanden

Calcium: Milch, Käse, Joghurt, Fisch mit Gräten (z. B. Sardinen), Kresse, anderes grünes Gemüse

Kupfer: Fleisch, Leber, Schalentiere (vor allem Austern), Nüsse, Vollkornbrot und Vollkorngetreideprodukte, Gemüse

Magnesium: Milch, Nüsse, grün blättriges Gemüse

Mangan: Vollkorngetreide, Nüsse, blättriges Gemüse

Natrium: Käse, kleine Mengen in frischem Fleisch, frischem Fisch, Gemüse, Früchte und Körner

Phosphor: Milch, Käse, Joghurt, Vollkornbrot und Vollkorngetreideprodukte, Fleisch, Fisch, Eier, Gemüse

Selen: Meeresfrüchte, Vollkorngetreide, Fleisch, Eigelb, Leber, Nieren. Selenwerte im Boden variieren beträchtlich und bestimmen daher den Gehalt, den man in der Nahrung findet

Zink: Leber, Fleisch (vor allem rotes Fleisch), Eier, Milch, Käse, Joghurt, Meeresfrüchte (vor allem Austern), Nüsse

- *Vitamine*

A: Leber, Nieren, Lebertran, ölige Fische, Eigelb, grün und gelb/orange blättriges Gemüse, fetthaltige Milchprodukte, getrocknete Aprikosen

D: Lebertran, ölige Fische, Eier, fetthaltige Milchprodukte, Leber

E: Getreide, grünes Gemüse, Eier, Nüsse, Samen

K: Kohl, Salat, Spinat, Getreide. Wird auch durch Bakterien im Darm produziert!

B1: Milch, Leber, Nieren, Geflügel, Eier, Gemüse, Früchte, Vollkorngetreideprodukte, Hülsenfrüchte, Nüsse, Meeresfrüchte, Hefe

B2: Milch, Milchprodukte, Eier. Leber, Nieren, Hefe, Vollkorngetreide, Fleisch, Fisch, Gemüse (vor allem grünes Gemüse)

B3: Fisch, Fleisch (vor allem Geflügel), Vollkorngetreideprodukte, Käse, Eier, Nüsse, Hülsenfrüchte, Leber, Nieren, Hefe

B6: Fleisch, Fisch, Leber, Nieren, Eier, Vollkorngetreideprodukte, Milch, Hafer, Hefe, grünes Gemüse, Bananen

B12: Leber, Nieren, Fleisch, Fisch, Eier, Milch, Milchprodukte

Folsäure: Leber, Nieren, Fleisch, Sojamehl, grün blättriges Gemüse, Weizenkeime, Hülsenfrüchte, Orangen, Bananen

B5: Fleisch, Geflügel, Fisch, Vollkorngetreide, Hülsenfrüchte. Wird auch durch Bakterien im Darm produziert!

Biotin: Leber, Nieren, Eigelb, Weizenkeime, Kleie, Nüsse, Hafer, dunkel grünes Gemüse, Hülsenfrüchte. Wird auch durch Bakterien im Darm produziert!

C: frisches und gefrorenes Obst und Gemüse - auch Kartoffeln. Am besten frisch geerntet und sofort roh verzehrt oder nur leicht gekocht.

Lesenswert

- BARF für Welpen
  Swanie Simon

- BARF
  Swanie Simon

- BARF für Senioren und kranke Hunde
  Swanie Simon

- Natural Dog Food
  Susanne Reinerth

- Futterprobleme beim Hund
  Dr. Vera Biber

- Das Kräuterhandbuch
  Juliette de Bairacli Levy

- Krebszellen mögen keine Himbeeren
  Dr. Richard Béliveau, Dr. med. Denis Gingras

- Katzen würden Mäuse kaufen
  Hans-Ulrich Grimm

- Heilpflanzen-Katalog
  http://www.heilpflanzen-katalog.de/info-home.html

- Der good4dog RATGEBER
  www.good4dog.de

- Natürliche Hundeernährung im OnlineShop
  www.good4dog.de

- Erfahrungsberichte von Kunden
  www.good4dog.de